Ingrid Moras

Perlenzauber Weihnachtswelt

Deko-Ideen und Perlentiere

CHRISTOPHORUS
BRUNNEN-REIHE

Inhalt

Weihnachtszauber

Fröhliche Pinguine, Elche, der Esel oder das Schaf und weihnachtliche Figuren wie Engel und Wichtel und strahlende Sterne, alle aus kleinen bunten Glasperlen gefertigt, setzen ganz besondere Glanzpunkte in der weihnachtlichen Dekoration.
Da steckt der große Weihnachtsmann den kleinen in den Sack, dort verbreitet ein Räuchermännchen wohlriechende Düfte, flotte Schneemänner und Teddybären schmücken als Anhänger den Tannenbaum oder die Geschenke, und die kleinen Vögel am Fenster machen den Wintergästen draußen Konkurrenz.
Mit der gleichen einfachen Technik werden die Perlen entweder zu flachen Figuren und Sternen oder zu plastischen Tieren zusammengefügt. Von den kleinen Gebilden aus den leuchtenden Rocailles geht ein unwiderstehlicher Reiz aus, die lustigen Tiere und Figuren bringen Spaß und gute Laune zum Fest.

Lassen auch Sie sich verzaubern und zaubern Sie mit!

Ingrid Moras

Material & Technik

Die Perlen

Die kleinen *Rocailles* oder *Indianerperlen mit dem Durchmesser von 2,5 mm oder auch 5 mm* gibt es in einer großen Vielfalt im Fachhandel zu kaufen. Man kann zwischen opaken, matten, gelüsterten, irisierenden oder metallicfarbenen Perlen, transparenten Perlen, auch mit Farb- oder Silbereinzug u.a. wählen.

Der Messingdraht

Die kleinen Perlen (2,5 mm Durchmesser) *auf einen Messingdraht mit dem Durchmesser von 0,3 mm*, die großen (5 mm Durchmesser) *auf einen Messingdraht mit einem Durchmesser von 0,4 mm oder 0,5 mm* aufziehen. Die Drahtlängen für die Körper sind jeweils auf der Vorlage angegeben. Für die Details müssen meist separate Drähte, je nach Größe zwischen 30 und 80 cm Länge eingezogen werden. Eine großzügig bemessene Drahtlänge erleichtert das Anziehen der Drahtenden. Überstände zum Schluss abschneiden und für Details beim nächsten Modell verwenden.

Wichtig: Der Draht darf beim Verarbeiten niemals Schlingen bilden! Sie werden beim Festziehen zu Knicken und führen schon bald zu Bruchstellen. Schlingen deshalb immer vor dem Anziehen des Drahtes bogenförmig aufdrehen.

Hinweis

Eine Schere zum Abschneiden des Drahtes und eine Pinzette zum Verdrehen der Drahtenden sind für alle Beispiele nötig und daher nicht mehr eigens aufgeführt.

Das Anfertigen der Körper

Die Technik ist bei flachen und plastischen Figuren gleich: Die *Perlen der ersten Reihe immer in die Mitte* des Drahtes schieben. Die *Perlen der zweiten Reihe* auf ein Drahtende auffädeln *und das andere Drahtende in entgegengesetzter Richtung* durch die Reihe schieben. Jede weitere Reihe genauso fertigen. Deshalb wird bei den Vorlagen nur die Drahtführung am Anfang gezeigt. Alle Besonderheiten sind mit der kompletten Drahtführung angegeben.

Am Schluss die Drahtenden „vernähen“: Entweder ein Drahtende durch die vorletzte Reihe zum anderen Draht ziehen, mit diesem verdrehen und nach innen biegen. Oder beide Drahtenden getrennt mehrmals um den Führungsdraht wickeln, Überstände abschneiden.

Flache Körper
Bei den flachen Körpern die Reihen lückenlos aneinander schieben. Die beiden Drahtenden so anziehen, dass die Reihen waagerecht liegen (= Normalfall).

Plastische Körper
Die Körper werden plastisch, wenn Reihen im ständigen Wechsel einmal nach oben (bei Tieren) bzw. nach vorne (bei Figuren) und einmal nach unten bzw. hinten gelegt werden. *Wenn sich in der Vorlage zwei Reihen zwischen zwei Strichen befinden, bedeutet das immer, dass die erste Reihe oben (vorne) liegen muss und die zweite Reihe unten (hinten).* An der Nahtstelle zwischen den oberen und unteren Reihen ist der Draht in einer Zickzacklinie sichtbar. Mit Hilfe einer Stricknadel jede Reihe rund nach oben oder nach unten wölben, dann nochmals die Drahtenden getrennt oder gemeinsam anziehen, dadurch wird die Zickzacklinie des Drahtes kleiner.

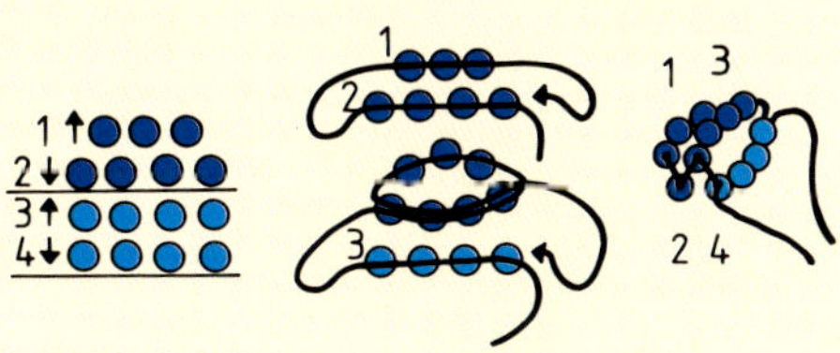

Die Details

Details können manchmal mit den Drähten des Körpers gearbeitet werden. Meist werden aber für die Details separate Drahtstücke immer bis zu ihrer Mitte durch Perlen einer Körper-Reihe eingezogen. Details können plastisch mit zwei Drahtenden gearbeitet sein, dann befinden sich auf der Vorlage immer zwei Reihen zwischen Strichen. Wenn die Reihen flach aneinander gelegt werden müssen, liegt immer nur eine Reihe zwischen zwei Strichen. Alle zusätzlichen Drähte für Details am besten durch die Perlen der Reihen ziehen, solange diese noch nicht festgezogen ist. In der Vorlage sind die Reihen immer nochmals separat neben dem Körper aufgezeichnet.

Der Abschluss der Körper

Wenn die Figuren am Ende spitz auslaufen, verschließt sich die Öffnung hinten von selbst, z. B. bei den Vögeln. Bei anderen Figuren wird bei den letzten beiden Reihen die Anzahl der Perlen stark verringert, z. B. beim Esel. Auch ein flach gearbeiteter Schwanz, z. B. beim

Elch, deckt die Öffnung ab. Die Drähte des Körpers kann man zum Schluss zur Herstellung der Hinterbeine verwenden. Für die hinteren Beine muss dann nur ein separater Draht eingezogen werden.

Abstehende Perlenstränge

Sie werden entweder nach einer Reihe oder auch mitten in einer Reihe gefertigt: Jeweils die Perlen auf einen Draht aufziehen und den Draht durch alle Perlen mit Ausnahme der letzten zurückziehen. Dabei die Perlen immer eng an der vorausgehenden Reihe oder Perle festhalten. Wenn die Perlenstränge (z. B. bei den Haaren) mitten in einer Reihe liegen, werden zunächst auf ein Drahtende im Wechsel die Perlen der Reihe und die Perlenstränge aufgezogen. Das andere Drahtende erst zum

Schluss entgegengesetzt durch alle Perlen der Reihe schieben. Für Finger nacheinander mit einem Drahtende fünf Perlenstränge arbeiten.

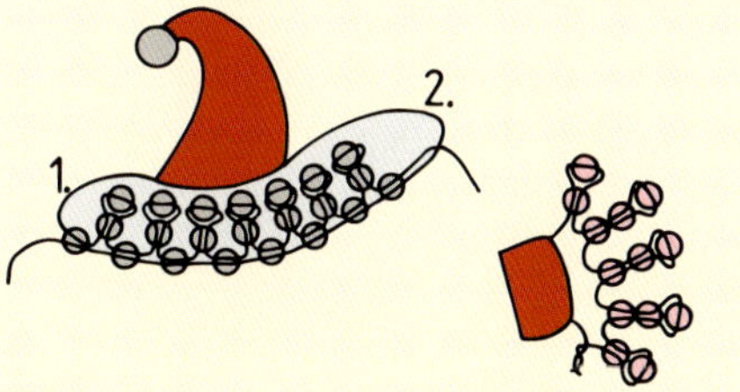

Ohren
Die Ohren entweder mit den Drahtenden des Körpers oder mit eingezogenen Drähten arbeiten. Das Ohr des Elchs: Sieben Perlen aufschieben und den Draht durch die vorletzte Perle zurückziehen. Fünf Perlen aufziehen und den Draht durch die äußerste Perle der Reihe nach außen ziehen. Das Ohr des Esels: Mit den beiden Drahtenden des durch zwei Perlen der Reihe eingezogenen Drahtstücks sechs Reihen flach aneinander arbeiten.

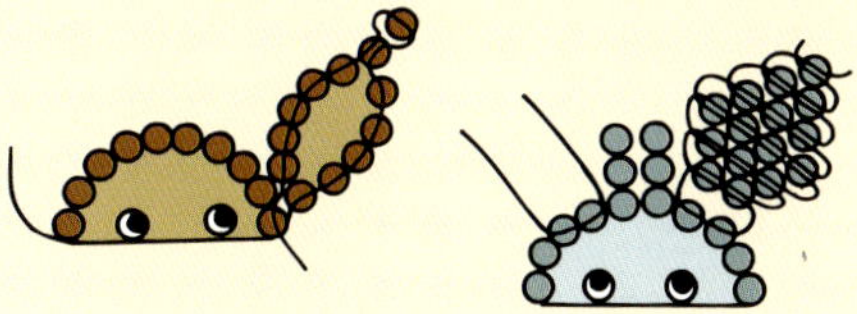

Plastische Beine
Plastische Beine und Arme werden ebenso gefertigt wie die plastischen Körper. Jeweils die erste Reihe zwischen zwei Strichen nach außen, die zweite Reihe nach innen zum Bauch hin legen (vgl. Esel).

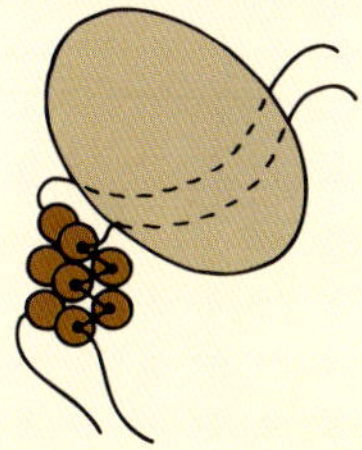

Runde Mützen-Bommel
Sieben Perlen in die Mitte des Drahtes schieben und einen Ring bilden, indem das eine Drahtende nochmals durch die erste Perle gezogen wird. Auf ein Drahtende eine Perle für die Mitte aufschieben und den Draht nochmals durch die erste Perle des Ringes ziehen.

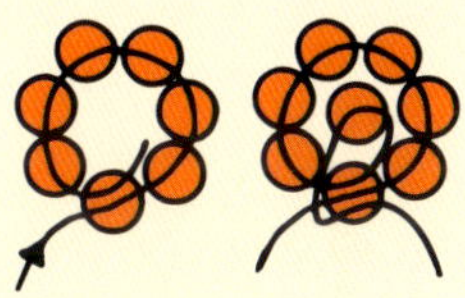

Spitzen
Spitzen werden bei den Sternen und den Tannenbäumen benötigt. Dabei vier Perlen auf den Draht aufschieben und den Draht durch die erste Perle zurückziehen.

Wichtel

Material

Wichtel

- Rocailles (2,5 mm Ø) in Orange, Weiß, Rot, Hellrot, Altrubin, Schwarz
- Rocailles (2,6 mm Ø) in Schwarz
- Messingdraht (0,3 mm Ø)
- Creole (5 cm Ø)
- Transparent-Nähfaden

Mond

- Rocailles (2,5 mm Ø) in Gold
- Messingdraht (0,3 mm Ø)

Herzen

- Rocailles (2,5 mm Ø) in Rot, Hellrot, Grün
- Messingdraht (0,3 mm Ø)

Vorlagen 1 - 4

1 Jeden **Wichtel** von oben nach unten flach arbeiten. Für die Arme zwei Drahtstücke durch zwei Reihen einziehen. Den Wichtel von der Seite nach Vorlage 1, den Wichtel von vorne nach Vorlage 2 anfertigen. Die Figuren und Motivteile mit einem transparenten Faden in der Creole befestigen.

2 Der Anfang: Sieben weiße Perlen in die Mitte des Drahtes schieben und den Draht durch die erste Perle ziehen. Eine weiße Perle aufnehmen und den Draht nochmals durch die erste Perle ziehen. Nach einigen Reihen Haarsträhnen arbeiten (s. Pfeile). Beim Wichtel von vorne abstehende Haare auch mitten in einer Reihe arbeiten.

3 Die Nase beim Wichtel von der Seite: Nach der Reihe mit dem Auge die Perle für die Nase und die Perlen der nächsten Reihe auf das linke Drahtende aufschieben und das rechte Drahtende durch alle Perlen der Reihe zurückschieben.

4 Die Beine: Solange die letzte Reihe des Körpers noch nicht fest angezogen ist, die Drahtenden durch jeweils vier Perlen der Reihe nach innen ziehen. Zehn schwarze Perlen (2,6 mm) als Bein aufschieben, den Pantoffel mit roten Perlen arbeiten und den Draht durch Umwickeln „vernähen". Die Arme: Mit zwei Drahtenden vier Reihen arbeiten. Dann mit einem Drahtende fünf Finger anfertigen.

Den **Mond** und die **Herzen** mit einem 80 cm langen Draht flach arbeiten. Den Mond in Sichelform drücken, so dass er sich der Rundung der Creole anpasst.

Modische Schneemänner

Material

Schneemann mit Mütze

- Rocailles (2,5 mm oder 5 mm Ø) in Orange, Gelb, Hellgrün, Grün, Ultramarin, Elfenbein oder Weiß, Schwarz
- Messingdraht (0,3 mm oder 0,4 mm Ø)

Schneemann mit Krawatte

- Rocailles (2,5 mm Ø) in Schwarz, Weiß, Orange, Rot
- Messingdraht (0,3 mm Ø)

Vorlagen 5 - 7

1 **Großer Schneemann mit Mütze**: Plastisch von oben nach unten mit einem 2,20 m langen Draht (0,4 mm Durchmesser) arbeiten. Für die Arme zwei Drahtstücke einziehen. Mit dem Bommel beginnen.

2 Die Reihe mit Nase: Drei weiße Perlen und fünf orangefarbene Perlen mit einem Drahtende aufnehmen und den Draht durch die ersten vier orangefarbenen Perlen zurückziehen. Drei weiße Perlen aufschieben, das andere Drahtende entgegengesetzt durch alle weißen Perlen schieben.

3 Schal: Auf jedes Drahtende des Körpers die Perlen des Schals nach der Vorlage aufschieben und den Draht jeweils durch alle Perlen mit Ausnahme der letzten zurückschieben. Die Arme plastisch arbeiten.

4 **Den kleinen Schneemann mit Mütze** ebenso arbeiten (Draht: 1,10 m; 0,3 mm Durchmesser). Die blauen Reihen am Hals durch weiße ersetzen.

Den Schneemann mit Krawatte plastisch arbeiten (Draht: 1,10 m). Für die flache Krawatte einen kurzen Draht einziehen. Die Oberseite des Zylinders: Fünf Perlen in die Mitte des Drahtes schieben, die zweite Reihe mit fünf Perlen aufziehen, mit einem Drahtende zwei Perlen für die Zwischenreihe aufnehmen und den Draht durch die zweite Reihe ziehen.

Die Schneemänner entweder aufhängen oder einen **Stern** als Ständer arbeiten. Die beiden Drahtenden des Sterns durch die beiden letzten Reihen des Schneemanns ziehen, ein Drahtende durch eine Perle des Sterns ziehen und die Drahtenden miteinander verdrehen.

Kleiner & großer Elch

Material

Kleiner Elch

- Rocailles (2,5 mm Ø) in Kupfer, Topas, Gold, Schwarz, Weiß
- Messingdraht (0,3 mm Ø)

Großer Elch

- Rocailles (5 mm Ø) in Rehbraun, Gold, Schwarz, Weiß
- Messingdraht (0,5 mm Ø)

Schal

- Rocailles (2,5 mm Ø) in Rot, Orange, Gelb, Hellgrün, Ultramarin
- Messingdraht (0,3 mm Ø)

Vorlage 8

1 Beide Elche nach der gleichen Vorlage plastisch arbeiten. Für den kleinen Elch ist eine Drahtlänge von 1,60 m, für den großen von 3 m nötig. Die Perlen in Topas und Kupfer beim kleinen Elch werden beim großen durch rehbraune Rocailles ersetzt. Für das Geweih und die Beine sind insgesamt sechs Drähte einzuziehen.

2 Der Anfang: Die fünf Perlen der ersten Reihe in die Mitte des Drahtes schieben. Die zweite Reihe mit fünf Perlen arbeiten, dann auf ein Drahtende drei Perlen für die Zwischenreihe aufschieben, den Draht nochmals durch die zweite Reihe ziehen. Alle weiteren Reihen im Wechsel nach oben und unten legen. Die letzten vier Reihen flach als Schwanz aneinander fügen.

3 Nach der siebten oberen Reihe mit jedem Drahtende ein Ohr anfertigen. Das flache Geweih mit den eingezogenen Drähten arbeiten. Nach der dritten Reihe mit drei Perlen auf das vordere Drahtende zwei Perlen aufziehen und den Draht durch die erste Perle zurückziehen. Die vierte Reihe auffädeln, dann auf den vorderen Draht drei Perlen aufziehen und den Draht durch die ersten beiden Perlen zurückschieben. Nach der letzten Reihe mit dem vorderen Drahtende vier abstehende Perlenstränge mit je drei Perlen arbeiten.

4 Die Beine plastisch mit den eingezogenen Drähten arbeiten. Die letzten beiden Reihen flach nach vorne legen. Mit einem 1,50 m langen Draht einen Schal anfertigen und dem Elch „umbinden".

Engel

Material

- Rocailles (2,5 mm Ø) in Gelb, Weiß, Gold, Altrubin
- Rocailles (5 mm Ø) in Blau, Elfenbein
- Holzperle (8 mm Ø)
- Messingdraht (0,3 mm und 0,4 mm Ø)
- Transparent-Nähfaden
- roter Farbstift
- schwarzer Dekorlack

Vorlagen 9 - 10

1 Für den **Engel** einen ca. 1 m langen Draht (0,3 mm Durchmesser) abschneiden. Zwei Haarbüschel arbeiten: Drei gelbe Perlen in die Mitte des Drahtes schieben und ein Drahtende durch die ersten beiden Perlen zurückziehen. Auf ein Drahtende zwei gelbe Perlen auffädeln und den Draht durch die erste Perle zurückziehen. Die Kopfhaare: Ein Drahtende durch die Bohrung der Holzperle schieben, sieben gelbe Perlen aufnehmen und den Draht wieder durch die Bohrung nach unten ziehen, sechsmal wiederholen, dann auch das andere Drahtende nach unten ziehen.

2 Die Reihen des Körpers abwechselnd nach vorne und hinten legen. Durch Perlen von hinteren Reihen insgesamt vier Drähte für die Arme und Flügel einziehen. Die Reihen der Arme im Wechsel nach hinten und vorne legen, zuletzt auf ein Drahtende fünf altrubinfarbene Perlen aufziehen, die Drahtenden verdrehen.

3 Nach jeder Reihe des Flügels mit dem unteren Drahtende eine abstehende Flügelfeder arbeiten. Nach der letzten Reihe mit nur einer Perle mit dem unteren Draht zwei lose Federn arbeiten. Das Gesicht aufmalen.

Mit einem ca. 25 cm langen Messingdraht (0,4 mm Durchmesser) den **Bogen** nach der Vorlage mit 5-mm-Perlen arbeiten, in der Mitte des Drahtstücks (s. Kreuz) beginnen. Die Drähte zum Schluss „vernähen". Jeweils am Ende des Bogens mit einem transparenten Nähfaden Perlenstränge aus kleinen weißen und großen elfenbeinfarbenen Rocailles anbinden. Den Engel in der Mitte des Bogens befestigen.

Sterne & Pinguine

Material

Sterne

- Rocailles (2,5 mm Ø) in Arktis, Smaragd oder Türkis, Weiß
- Rocailles (5 mm Ø) in Elfenbein, Blau
- Messingdraht (0,3 mm Ø)

Pinguine

- Rocailles (2,5 mm Ø) in Orange, Schwarz, Weiß, Grün, Hellgrün, Gelb, Blau, Rot
- Messingdraht (0,3 mm Ø)

Vorlagen 11 - 12

1 Für die kleinen **Sterne** beträgt die Drahtlänge 40 cm. Für die gleich gefertigten größeren Sterne werden nur 5-mm-Rocailles verwendet, die Drahtlänge ist 60 cm.

2 **Stern mit einfacher Spitze**: Die kleine Anfangsperle (in der Vorlage eingerahmt) in die Mitte des Drahtes schieben. Auf das obere Drahtende zwei kleine, eine große und eine kleine Perle aufziehen und den Draht durch die vorletzte und drittletzte Perle zurückziehen, zwei kleine Perlen aufziehen, auf das untere Drahtende eine kleine, weiße Perle auffädeln und den unteren Draht durch die letzte Perle des oberen Drahtes schieben. Diese Arbeitsschritte wiederholen (s. Vorlage). Die Drahtenden zuletzt durch die Anfangsperle ziehen. Auf ein Drahtende eine große Perle (= Mitte) schieben, den Draht durch eine gegenüber liegende Perle des Sterns führen und durch die mittlere Perle zurückziehen.

3 **Stern mit Dreierspitze**: Nach der elfenbeinfarbenen, großen Perle statt nur einer Perle drei kleine Perlen aufnehmen (s. Vorlage).

1 Den **Pinguin** von oben nach unten mit einem 1,50 m langen Draht plastisch arbeiten. Nach der letzten schwarzen Reihe die Reihen flach nach vorne legen (= Füße).
Ein separates Drahtstück durch vier Perlen einer Reihe einziehen. Für die plastischen Flügel zwei Drahtstücke bis zur Mitte durch zwei hintere Reihen einschieben.

2 Mit den Drahtenden des Körpers auf beiden Seiten den abstehenden Schal arbeiten. Die nächste Reihe nach dem Schal nach hinten legen, die übernächste dann wieder nach vorne.

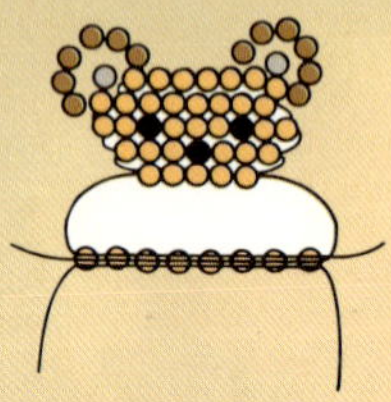

Bärenweihnacht

Material

Teddy

- Rocailles (2,5 mm oder 5 mm Ø) in Gold, Kupfer oder Rehbraun, Weiß, Schwarz
- Messingdraht (0,3 mm oder 0,4 mm Ø)
- Transparent-Nähfaden

Teddy im Ring

- Rocailles (2,5 mm Ø) in Blau
- Creole (5 cm Ø)

Tannenbaum

- Rocailles (2,5 mm Ø) in Gold, Weiß, Grün, Kupfer
- Messingdraht (0,3 mm Ø)
- Creole (5 cm Ø)
- Transparent-Nähfaden

Vorlagen 13 - 14

1 Beide **Bären** nach der gleichen Vorlage flach arbeiten. Für den kleinen Teddy ca. 0,60 m Draht (0,3 mm Durchmesser), für den großen ca. 1 m Draht (0,4 mm Durchmesser) verwenden. Für die „Arme" zwei Drahtstücke einziehen, für die Beine nur ein Drahtstück, da die Drähte des Körpers verwendet werden.

2 **Teddy**: Nach den ersten zwei Reihen des Kopfes auf beiden Seiten ein Ohr fertigen: Sieben Perlen aufnehmen und den Draht durch die äußere Perle der ersten Kopfreihe nach außen ziehen. Eine weiße Perle aufschieben und den Draht durch die erste Perle des Ohrrandes nach unten ziehen.

3 **Teddy in der Creole**: Ein Stück Messingdraht viermal um die Creole wickeln, fünf blaue Perlen aufnehmen, den Draht durch die letzte Perle des Beins ziehen. Weitere fünf Perlen aufnehmen und den Draht viermal um die Creole wickeln. Die anderen Beine des Teddys ebenso befestigen.

Den **Tannenbaum** mit dem Stern beginnen: Eine weiße und vier goldfarbene Perlen in die Mitte eines 1,20 m langen Drahtes schieben und den Draht durch die erste goldfarbene Perle zurückziehen. Fünfmal wiederholen und den Draht dann durch die weiße Anfangsperle ziehen. Auf beide Drahtenden vier grüne Perlen schieben, dann auf jedes Drahtende vier Perlen aufziehen und den Draht jeweils durch die ersten drei Perlen zurückziehen. Weiterarbeiten nach der Vorlage. Die Drahtenden zum Schluss je viermal um die Creole wickeln. Den Stern oben an der Creole anbinden.

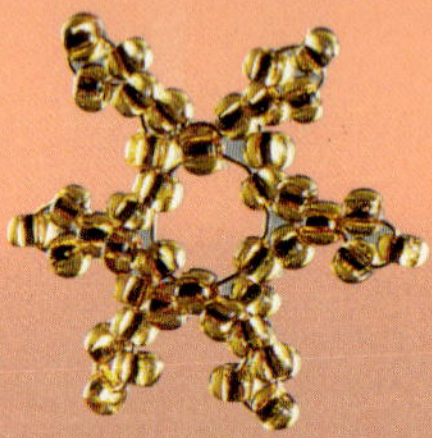

Material

Schaf

- Rocailles (2,5 mm Ø) in Altrubin, Weiß, Schwarz
- Messingdraht (0,3 mm Ø)

Esel

- Rocailles (2,5 mm Ø) in Weiß, Jade, Schwarz
- Messingdraht (0,3 mm Ø)

Sterne

- Rocailles (2,5 mm Ø) in Gold
- Messingdraht (0,3 mm Ø)

- Transparent-Nähfaden

Vorlagen 15 - 17

Alle Tiere folgen dem Stern

1 Das **Schaf** mit einem 1,40 m langen Draht plastisch arbeiten. Für die plastischen Beine drei Drahtstücke einziehen, die Drahtenden des Körpers für die Hinterbeine verwenden. Die Ohren mit den Körperdrähten arbeiten.

2 Die Schnauze: Drei Perlen in die Mitte des Drahtes schieben, die zweite Reihe legen, dann auf ein Drahtende eine Perle für die Zwischenreihe aufschieben und den Draht nochmals durch die zweite Reihe ziehen.

1 Den **Esel** plastisch mit einem 1,70 m langen Draht arbeiten. Für jedes flache Ohr ein Drahtstück, für die plastischen Beine drei Drähte einziehen.

2 Die Schnauze wie beim Schaf anfertigen. Die Reihen mit Mähnenhaaren so arbeiten: Auf ein Drahtende die Hälfte der Perlen einer Reihe und die Perlen eines Haares aufziehen und den Draht durch alle Perlen des Haares mit Ausnahme der letzten zurückziehen. Ein zweites Haar fertigen und die andere Hälfte der Perlen der Reihe aufnehmen, dann das andere Drahtende entgegengesetzt durch alle Perlen der Reihe zurückschieben. Die Reihe mit Schwanz genauso fertigen.

Den **Stern ohne Schweif** mit einem 40 cm langen Drahtstück arbeiten. Den **Stern mit Schweif** ebenso, aber in der Mitte eines 60 cm langen Drahtstückes erstellen, dann die Reihen des Schweifes flach aneinander legen. Die letzte Reihe mit vier abstehenden Perlensträngen mit nur einem Drahtende arbeiten. Sterne und Tiere mit einem transparenten Faden verbinden.

Vögel im Schnee

Material

Rotkehlchen

- Rocailles (2,5 mm Ø) in Schwarz, Rot, Kupfer, Weiß
- Rocailles (5 mm Ø) in Elfenbein
- Messingdraht (0,3 mm Ø)
- Creole (5 cm Ø)
- Transparent-Nähfaden

Blaumeise

- Rocailles (2,5 mm Ø) in Schwarz, Weiß, Arktis, Hellgrün, Gelb
- Rocailles (5 mm Ø) in Elfenbein
- Messingdraht (0,3 mm Ø)
- Creole (5 cm Ø)
- Transparent-Nähfaden

Vorlagen 18 - 19

1 Das **Rotkehlchen** und die **Blaumeise** nach der Vorlage von vorne nach hinten mit einem 1 m langen Draht plastisch arbeiten, nur die Reihen des Schnabels und des Schwanzes flach aneinander schieben. Durch zwei obere Reihen separate Drähte für die Flügel einziehen.

2 Mit je zwei Drahtenden die Flügel arbeiten. Eine Reihe mit vier Perlen aufziehen und dann mit dem hinteren Draht eine lose Feder fertigen: Dazu fünf Perlen mit dem Draht aufnehmen und den Draht durch die ersten vier Perlen zurückziehen. Nach der zweiten Reihe mit drei Perlen eine lose Feder mit sechs Perlen erstellen, ebenso nach der dritten Reihe mit zwei Perlen. Nach der letzten Reihe mit nur einer Perle mit dem hinteren Drahtende drei lose Federn mit je sieben Perlen arbeiten und zum Schluss die Drahtenden miteinander verdrehen.

Für die **Aufhängung** am Rücken der Vögel einen transparenten Nähfaden befestigen und in die Mitte einer Creole hängen. Unterschiedlich lange Perlenstränge aus kleinen weißen und größeren elfenbeinfarbenen Rocailles fädeln und am Ring der Creole anknoten.

Räuchermännchen

Material

- Rocailles (5 mm Ø) in Elfenbein, Grün, Blau, Altrubin, Gelb, Orange, Rot, Ultramarin, Braun
- Messingdraht (0,5 mm Ø)
- Metallhülle eines Teelichts
- Räucher-Kegel

Vorlage 20

1 Für das plastisch angefertigte Räuchermännchen benötigt man 4,80 m Draht. Zwei Drahtstücke für die Arme einziehen. Beim roten Männchen sind alle grünen, blauen und ultramarinfarbenen Perlen durch rote und alle gelben durch elfenbeinfarbene Perlen ersetzt.

2 Den Bommel fertigen, dann alle weiteren Reihen im Wechsel nach vorne und hinten legen. Die Reihe mit der roten Nase und die darauffolgende Gesichtsreihe als Mundöffnung auseinander biegen.

3 Reihen mit abstehenden Haaren: Mit einem Drahtende arbeiten. Eine Perle der Reihe und zwei Perlen des Haares aufziehen und den Draht durch die erste Perle des Haares zurückziehen, sechsmal wiederholen. Eine Perle der Reihe aufschieben und dann das andere Drahtstück durch alle Perlen der Reihe zurückziehen.

4 Reihe mit Nase: Die neun Perlen mit einem Draht aufnehmen, den anderen Draht durch alle Perlen mit Ausnahme der roten Perle zurückziehen. Den abstehenden Schal mit den Drahtenden des Körpers fertigen. Die Arme plastisch arbeiten. Zum Schluss mit einem Drahtende fünf Finger auffädeln.

5 Die Pfeife: Durch die mittlere Perle der letzten Gesichtsreihe einen kurzen Draht einziehen und vier Reihen mit je einer Perle arbeiten. Die Drahtenden dann jeweils durch die erste Perle eines Fingers nach oben ziehen, vier Reihen mit je zwei Perlen arbeiten und diese in Würfelform anordnen. Ein Drahtende durch die erste Reihe mit zwei Perlen ziehen und mit dem anderen verdrehen. Das Räuchermännchen über die Metallhülle eines Teelichts mit einem glimmenden Räucher-Kegel stellen.

Gefüllte Sterne

Material

Äußerer Stern

- Rocailles (5 mm Ø) in Elfenbein, Gold bzw. Rot, Grün
- Messingdraht (0,4 mm Ø)
- Transparent-Nähfaden

Kleiner Stern

- Rocailles (2,5 mm Ø) in Gold, Weiß
- Messingdraht (0,3 mm Ø)

Glocke

- Rocailles (2,5 mm Ø) in Kupfer, Gold
- 1 Rocaille (5 mm Ø) in Elfenbein
- Messingdraht (0,3 mm Ø)

Kerze

- Rocailles (2,5 mm Ø) in Gelb, Orange, Schwarz, Rot, Grün
- Messingdraht (0,3 mm Ø)

Vorlagen 21 - 24

Die kleinen Perlengebilde wie die Glocke, die Kerze oder der kleine Stern werden mit einem transparenten Faden in die Sterne gehängt.

Für den **äußeren Stern** benötigt man etwa 70 cm Draht, davon ca. 15 cm am Anfang überstehen lassen. Erste Runde: Zwei elfenbeinfarbene, eine goldene und drei elfenbeinfarbene Perlen aufschieben und den Draht durch die goldene Perle zurückziehen. Zwei elfenbeinfarbene und eine goldene Perle aufziehen. Siebenmal wiederholen, dann den Draht durch die erste aufgefädelte Perle ziehen. Zweite Runde: Eine elfenbeinfarbene Perle auffädeln und den Draht durch drei Perlen der ersten Runde ziehen, siebenmal wiederholen.

Für den **kleinen Stern** von einem etwa 40 cm langen Draht am Anfang 10 cm überstehen lassen und acht Spitzen arbeiten, zuletzt den Draht vom Anfang durch die letzte Perle ziehen.

Für **die Glocke** zunächst mit sechs kupferfarbenen Rocailles in der Mitte eines ca. 1 m langen Drahtes den Ring für die Aufhängung bilden, dann mit einem Drahtende 12 kupferfarbene Perlen und eine 5-mm-Perle für den Klöppel aufnehmen. Den Draht durch die 12 kupferfarbenen Perlen zurückziehen und nochmals durch die Perle des Ringes führen. Die Reihen der plastischen Glocke um den Klöppel legen.

Die **Kerze** plastisch von oben nach unten mit einem ca. 70 cm langen Draht arbeiten. Nach der vorletzten Reihe auf beiden Seiten den Zweig anfertigen.

Winterwald

Material

Kleine Bäume

- Rocailles (2,5 mm Ø) in Gold, Weiß, Grün bzw. nur Weiß
- Messingdraht (0,3 mm Ø)

Großer Baum

- Rocailles (5 mm Ø) in Weiß, Grün
- Messingdraht (0,4 mm Ø)

Vorlagen 25 - 26

1 Alle **Bäume** von oben nach unten plastisch arbeiten. Für die kleinen Bäume benötigt man ca. 1,80 m, für den großen ca. 3 m Draht. Die kleinen Bäume mit dem flachen Stern beginnen, den großen mit einer einfachen Spitze.

2 Stern: Vier goldfarbene Perlen in die Mitte des Drahtes schieben und ein Drahtende durch die erste Perle zurückziehen. Auf dieses Drahtende eine weiße und vier goldfarbene Perlen aufziehen und den Draht durch die erste goldfarbene Perle zurückziehen. Viermal wiederholen, dann eine weiße Perle aufnehmen und den anderen Draht entgegengesetzt hindurchziehen.

3 Die Reihen des Tannenbaums im Wechsel nach vorne und hinten legen und rund wölben. Zum Teil nach dem Legen einer Reihe (s. nach außen zeigende Pfeile in der Vorlage) seitlich je einen abstehenden Zweig arbeiten.

4 Auch mitten in den Reihen immer wieder (s. Vorlage) ein bis vier abstehende Zweige anfertigen. Zunächst mit nur einem Drahtende arbeiten: Einige Perlen der Reihe und die vier Perlen des Zweiges aufnehmen und den Draht durch die erste Perle des Zweiges zurückziehen. Die restlichen Perlen der Reihe aufnehmen und dann das andere Drahtstück immer nur durch alle Perlen der Reihe zurückziehen. Bei Reihen mit mehreren Spitzen nacheinander Perlen der Reihe und Spitzen im Wechsel auf ein Drahtende aufziehen und erst nach der Fertigstellung der ganzen Reihe das andere Drahtende durch alle Perlen der Reihe entgegengesetzt hindurchschieben.

Weihnachtsmänner

Material

Großer Weihnachtsmann

- Rocailles (5 mm Ø) in Weiß, Altrubin, Ultramarin, Schwarz, Orange
- Messingdraht (0,4 mm Ø)

Kleiner Weihnachtsmann

- Rocailles (2,5 mm Ø) in Weiß, Rot, Altrubin, Schwarz, Orange, evtl. Kupfer (für den Sack)
- Messingdraht (0,3 mm Ø)

Vorlage 27

1 Beide Weihnachtsmänner werden nach der gleichen Vorlage plastisch gefertigt. Für den großen Weihnachtsmann ist eine Drahtlänge von 3 m, für den kleinen von 1,80 m nötig. Für die Arme und die Fußspitzen werden insgesamt drei Drahtstücke eingezogen. Für den Weihnachtsmann im Sack sind ab dem Kreuz in der Vorlage die Reihen des Sackes zu legen.

2 Mit dem Bommel der Mütze beginnen. Alle weiteren Reihen im Wechsel nach vorne und hinten legen.

3 Nach dem Legen einer hinteren Reihe mit einem Drahtende den Bart arbeiten: Neunmal hintereinander je zwei Perlen aufziehen und den Draht durch die erste Perle zurückschieben, dabei jeweils die Perle nahe am vorausgehenden Perlenstrang festhalten. Nach neun Perlensträngen den Draht durch die hintere Reihe zum Ausgangspunkt zurückziehen.

4 Füße: Die erste schwarze Reihe liegt in der Mitte der Öffnung, alle weiteren Reihen werden flach nach vorne gearbeitet. Durch die mittleren zwei Perlen der dritten schwarzen Reihe ein Drahtstück bis zur Mitte einziehen. Mit den Drähten des Körpers und den Drahtenden des eingezogenen Drahtes die Fußspitzen flach arbeiten.

5 Die Arme mit den beiden eingezogenen Drähten plastisch arbeiten. Zum Schluss auf ein Drahtende fünf Perlen in Altrubin aufziehen, dann die Drahtenden miteinander verdrehen.

Impressum

ISBN 3-419-56174-1

Neu bearbeitete Auflage 2000

Lektorat:
Dr. Ute Drechsler-Dietz, Hechingen

Styling und Fotos:
Roland Krieg, Waldkirch

Covergestaltung und Layoutentwurf:
Network!, München

Coverrealisierung:
smp, Freiburg

Produktion:
Uwe Stohrer Werbung, Freiburg

Druck:
Freiburger Graphische Betriebe

Wir sind für Sie da, wenn Sie Fragen zu AutorInnen, Anleitungen oder Materialien haben. Und wir interessieren uns für Ihre eigenen Ideen und Anregungen. Faxen, schreiben Sie oder rufen Sie uns an. Wir hören gerne von Ihnen!
Ihr Christophorus-Verlag

Christophorus-Verlag GmbH
Hermann-Herder-Str. 4
79104 Freiburg
Tel.: 0761/ 27 17-0
Fax: 0761/ 27 17-3 52
oder e-mail:
info@christophorus-verlag.de

Aus der Brunnen-Reihe

3-419-56170-9

3-419-56169-5

3-419-56168-7

3-419-56181-4

3-419-56175-X

Liebe Eltern,

Sie haben sich für ein Buch der **kleinen Lesedrachen** entschieden. Eine gute Wahl, denn mit diesen Erstlesebüchern des Schulbuchprofis Klett unterstützen Sie optimal den Leselern-Prozess Ihres Kindes.
Lesen als Basiskompetenz muss immer wieder trainiert und gefördert werden, damit Ihr Kind zu einem selbstbewussten und kompetenten Leser wird. Dabei darf es jedoch weder überfordert noch abgeschreckt werden.
Die kleinen Lesedrachen bieten Ihrem Kind eine motivierende Rundum-Leseförderung: **Lesen – Verstehen – Wissen und Handeln.** Ihr Kind erfährt durch Erfolgserlebnisse Lesen positiv und anregend und wird so zunehmend zum Lesen verführt.

LESEN

Die spannenden Geschichten der kleinen Lesedrachen fördern die Leselust:

- Geschichten und Themen entsprechen den Interessen und Vorlieben der Kinder.
- Kindgerechte Illustrationen unterstützen und ergänzen den Text.
- Verschiedene Lesestufen bieten den passenden Lesestoff für Leseanfänger bis zum fortgeschrittenen Leser.

Lesestufen

3. Schuljahr **für fortgeschrittene Leser**
längere Texte, Fibelschrift, textbegleitende Bilder,
komplexe Geschichten, 48 Seiten

2. Schuljahr **für Erstleser**
längere Textabschnitte, längere Zeilen, große Fibelschrift, viele Bilder,
komplexere Geschichten, 32 Seiten

1. Schuljahr **für Leseanfänger**
kurze Textabschnitte, kurze – nach Sinnabschnitten – gegliederte Zeilen,
extra große Fibelschrift, hoher Bildanteil,
einfache, klar strukturierte Geschichten, 32 Seiten

Erfolgserlebnis: Ich kann lesen!

Das Lesen eines ganzen Kapitels, gar eines ganzen Buches macht Ihr Kind stolz. Dabei können die beschriebenen Lesestufen nur ein Anhaltspunkt sein. Wichtig ist, Ihr Kind nicht zu überfordern und es – eventuell auch mit einem Buch einer niedrigeren Lesestufe – zum Lesen zu motivieren.